© 2015 by Carlton Books Limited
Die Originalausgabe ist bei Carlton Books Limited erschienen
Titel der Originalausgabe: Jurassic Record Breakers
Lektorat: Alexandra Koken
Design: Dani Lurie, Jake da'Costa
Bildrecherche: Paul Langan
Produktion: Charlotte Cade

© 2015 für die deutsche Ausgabe:
arsEdition GmbH, Friedrichstraße 9,
D-80801 München
Alle Rechte vorbehalten
Aus dem Englischen von Andreas Jäger,
Ina Diekweg
Textlektorat: Eva Wagner

ISBN 978-3-8458-1216-8

www.arsedition.de

Der Autor

Dr. Darren Naish ist als Paläontologe und Wissenschaftsjournalist Spezialist für Dinosaurier und andere prähistorische Lebewesen. Wenn er gerade mal keine Dinosaurier oder prähistorische Reptilien ausbuddelt, schreibt er über sie! Er arbeitet als wissenschaftlicher Mitarbeiter an der University of Portsmouth in England.

Ständig werden auf dem Gebiet der Dinosaurier neue Entdeckungen gemacht, und es gibt noch immer vieles, was wir über diese Tiere nicht wissen. Manchmal können wir nur Vermutungen anstellen, etwa indem wir die Dinosaurier mit heute lebenden Tieren vergleichen. So kann zum Beispiel niemand genau sagen, wie schnell die meisten Dinosaurier waren – aber man kann ihre Geschwindigkeit schätzen, wenn man sich anschaut, wie schnell heutige Tiere sind.

Experten wie Dr. Naish müssen manchmal schwierige Wörter benutzen, um die Dinosaurier zu beschreiben. Im Glossar auf Seite 46/47 findest du sie alle erklärt.

 **Inhaltsverzeichnis**

Dinosaurier-Champions 6
Schwergewichts-Weltmeister 8
Erster fossiler Raubsaurier 10
Kleinster Raubsaurier 12
Gefährlichster Meeresräuber 14
Der Wertvollste 16
Schnellster Schwanz 18
Größter Angeber 20
Kleinster Pflanzenfresser 22
Meeresreptil mit Riesenaugen 24
Ältester Vogel 26
Längste Stacheln 28
Längster Hals 30
Südlichster Dinosaurier 32
Kleinstes Gehirn 34
Der Bunteste 36
Die große Zeit der Dinosaurier 38
Das größte Massensterben 40
Dino-Fakten 42
Dino-Quiz 44
Glossar 46

Dinosaurier-Champions

250 bis 65 Jahrmillionen vor unserer Zeit war die Erde von einer Vielzahl höchst erstaunlicher Lebewesen bevölkert. Am erfolgreichsten von allen war eine Gruppe von Reptilien, die an Land lebten: die Dinosaurier!

Manche Dinosaurier wurden riesengroß und viele waren mit mächtigen Panzern, Hörnern, Stacheln oder Klauen bewehrt. In diesem Buch findest du die schnellsten, größten und gefährlichsten Dinos – und viele andere ungewöhnliche Rekordhalter.

🏆 Die Dinos sind die Größten!

Über 150 Millionen Jahre lang waren Dinosaurier die erfolgreichsten Landtiere. Keine andere Gruppe von Tieren spielte über eine so lange Zeit eine so wichtige Rolle. Im Gegensatz dazu gibt es Menschen »erst« seit wenigen Millionen Jahren.

🏆 Wo sind sie geblieben?

Doch die Herrschaft der Dinosaurier währte nicht ewig. Vor 65 Millionen Jahren löschte sie eine der größten Naturkatastrophen aller Zeiten fast vollständig aus. Nur wenige überlebten – und entwickelten sich wahrscheinlich zu den heutigen Vögeln.

🏆 Planet im Wandel

Die Dinosaurier erschienen im Zeitalter der Trias (vor 250 – 200 Millionen Jahren) und entwickelten sich während der folgenden Jura- und der Kreidezeit weiter. Zusammen bilden diese drei Zeitalter das Mesozoikum (siehe unten), eine Epoche, in der auf der Erde gewaltige Veränderungen vor sich gingen. Die Dinosaurier mussten sich anpassen, um zu überleben.

🏆 Zeitleiste

Dinosaurier und Säugetiere entstehen

Vögel entstehen

Trias | Jura

250 Mio. Jahre | 199 Mio. Jahre | 145 Mio. Jahre

Mesozoikum

🏆 Dino-Stammbaum

Ein Grund für den großen Erfolg der Dinosaurier war vermutlich ihre Fähigkeit, sich innerhalb weniger Generationen zu verändern und damit an die Umwelt anzupassen. Schon früh in ihrer Geschichte bildeten sich zwei Hauptgruppen heraus: die geschnäbelten Ornithischier und die langhalsigen Saurischier.

Beide entstanden aus kleinen, zweibeinigen Tieren mit biegsamen Hälsen, Greifhänden und dünnen Beinen. Im Lauf der Jahrmillionen wurden die Dinos immer beeindruckender und in beiden Gruppen entwickelten sich besondere »Rekordhalter«.

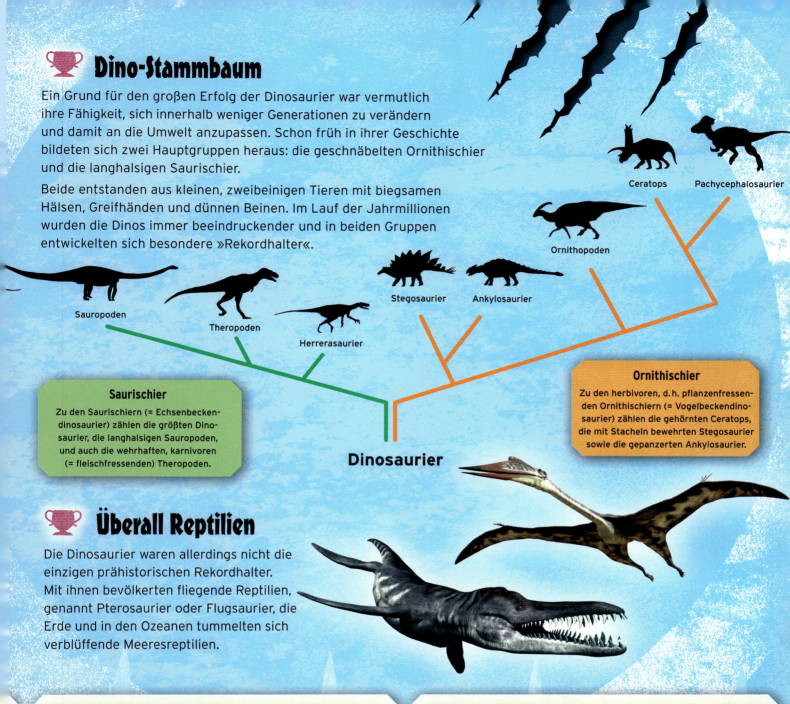

Saurischier
Zu den Saurischiern (= Echsenbeckendinosaurier) zählen die größten Dinosaurier, die langhalsigen Sauropoden, und auch die wehrhaften, karnivoren (= fleischfressenden) Theropoden.

Ornithischier
Zu den herbivoren, d.h. pflanzenfressenden Ornithischiern (= Vogelbeckendinosaurier) zählen die gehörnten Ceratops, die mit Stacheln bewehrten Stegosaurier sowie die gepanzerten Ankylosaurier.

🏆 Überall Reptilien

Die Dinosaurier waren allerdings nicht die einzigen prähistorischen Rekordhalter. Mit ihnen bevölkerten fliegende Reptilien, genannt Pterosaurier oder Flugsaurier, die Erde und in den Ozeanen tummelten sich verblüffende Meeresreptilien.

Trias
In der Trias bildeten die heutigen Erdteile noch einen einzigen, riesigen Superkontinent namens Pangäa – die größte Landmasse, die es je gab. Dadurch konnten sich die Dinosaurier auf der ganzen Erde ausbreiten.

Kreidezeit
In der Jura- und der Kreidezeit zerfiel Pangäa in kleinere Kontinente mit unterschiedlichen Klimazonen und Pflanzenarten. Dadurch wurden verschiedene Dinosaurier-Gruppen vom Rest getrennt und entwickelten sich in ihrer neuen Umgebung weiter.

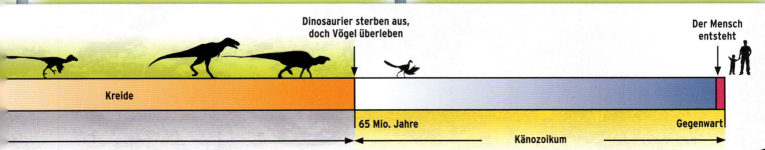

Schwergewichts-Weltmeister

Amphicoelias

Die Sauropoden waren pflanzenfressende Dinosaurier mit extrem langen Hälsen und Schwänzen. Sie wurden oft sehr groß, doch einer stellte sie alle in den Schatten: der gigantische Amphicoelias.

Bislang wurden nur zwei Knochen dieses Pflanzenfressers gefunden, doch die genügten den Wissenschaftlern, um zu erkennen, dass sie es mit dem größten Landlebewesen aller Zeiten zu tun hatten.

Amphicoelias war so groß, dass er täglich Hunderte Kilo an Pflanzennahrung zu sich nehmen musste. Er muss in Gegenden gelebt haben, wo viele Bäume und Sträucher wuchsen.

Allein dank seiner gewaltigen Größe hatte Amphicoelias von den meisten Räubern wenig zu befürchten.

Amphicoelias

Zeitraum:	vor ca. 155–145 Mio. Jahren
Fundorte:	USA
Größe:	40–60 m lang
Gewicht:	ca. 70–100 t
Ernährung:	herbivor
Geschwindigkeit:	ca. 15 km/h
Gefährlichkeit:	mittel

Größer als ein Wal

Amphicoelias war länger als ein Blauwal, aber nicht so schwer. Dank des langen Halses konnte er das Laub aus den hohen Baumkronen abweiden. Vielleicht stellte er sich sogar auf die Hinterbeine, um noch höher hinaufzureichen, und stützte sich dabei mit dem Schwanz ab. Andererseits war er so kräftig, dass er die Bäume auch einfach umknicken konnte. Wenn er lostrampelte, bebte gewiss die Erde unter seinen Füßen!

Um so groß zu werden, muss Amphicoelias die meiste Zeit mit Fressen zugebracht haben. Mit seinen stiftartigen Zähnen zupfte er das Laub von den Bäumen.

Wie schwer?

Der gigantische Amphicoelias brachte bis zu 100 Tonnen auf die Waage – so viel wie 20 Afrikanische Elefanten.

Super-Sauropoden

Einer der Knochenfunde ist ein Teil der Wirbelsäule und misst über 2 m! Außerdem fand man ein Stück eines Oberschenkelknochens. Daraus lässt sich errechnen, dass die Hinterbeine von Amphicoelias bis zu 9 m lang waren – so hoch wie zwei Giraffen übereinander!

Erster fossiler Raubsaurier

Megalosaurus

Megalosaurus war der erste Dinosaurier, der von Wissenschaftlern beschrieben wurde. Ein Knochen dieses Raubsauriers wurde vor über 300 Jahren in England gefunden.

Heute wissen wir, dass die großen Raubsaurier wie Megalosaurus zweibeinige Tiere mit klauenbewehrten Greifhänden waren, doch die Forscher, die diese Knochen als Erste untersuchten, standen vor einem Rätsel.

Als die ersten Megalosaurus-Funde auftauchten, glaubten die Experten, der Saurier habe seinen Schwanz über den Boden geschleift wie eine riesige Echse. Spätere Entdeckungen zeigten, dass fast alle Dinosaurier den Schwanz ausgestreckt hielten.

Erste Funde

Der Paläontologe William Buckland untersuchte als Erster die Überreste eines Megalosaurus. Bei den Fossilien handelte es sich um Knochen mehrerer Megalosaurier, die unterschiedlich groß und alt waren, darunter ein Teil eines Unterkiefers, in dem noch einige der gebogenen und sägeblattartig gezackten Zähne steckten. Buckland erkannte daran, dass es sich um ein Raubtier handeln musste, auch wenn er nicht genau sagen konnte, was es war.

Die ersten Funde

1824 → Megalosaurus
1825 → Iguanodon
1833 → Hylaeosaurus
1836 → Thecodontosaurus
1837 → Plateosaurus

Megalosaurus

Zeitraum:	vor 164–165 Mio. Jahren
Fundorte:	England
Größe:	6 m lang
Gewicht:	700 kg
Ernährung:	karnivor
Geschwindigkeit:	ca. 50 km/h
Gefährlichkeit:	hoch

Riesenechse?

Der zuerst gefundene Unterkieferknochen glich den Kiefern der heutigen Warane, weshalb man glaubte, Megalosaurus hätte sich wie eine riesige Echse auf allen vieren bewegt. In den 1850er-Jahren wich die Riesenechsen-Theorie der Vorstellung von einem elefantenähnlichen Reptil. Beides war falsch.

Mit Zähnen und Klauen

Fossilien anderer Raubsaurier zeigten, dass Megalosaurus und seine Verwandten nicht wie Echsen aussahen und auch nicht auf vier Beinen liefen. Vielmehr handelte es sich um zweibeinige Räuber, deren kurze »Arme« mit je drei Klauen versehen waren. Vermutlich jagten sie pflanzenfressende Dinosaurier, die sie mit den Klauen festhielten, um sie dann mit ihren gezackten Zähnen in Stücke zu reißen.

Megalosaurus hatte kräftige Vorderbeine bzw. Arme, mit denen er vermutlich Beutetiere festhielt, während er die Zähne in ihr Fleisch schlug.

11

Kleinster Raubsaurier

Anchiornis

Mit gerade mal 40 cm Körperlänge hält der gefiederte Anchiornis aus China den Rekord als kleinster bekannter Raubsaurier.

Er dürfte 250 g gewogen haben und war so groß wie eine Taube. Ein paar andere Raubsaurier, wie Epidendrosaurus oder Epidexipteryx, waren vielleicht noch kleiner, aber da noch keine Fossilien von ausgewachsenen Tieren gefunden wurden, kommen sie für den Rekord nicht infrage.

Mini-Jäger

Anfangs hielt man Anchiornis für einen urzeitlichen Vogel. Tatsächlich handelt es sich um einen vogelähnlichen Dinosaurier, eng verwandt mit Troodon (s. S. 37). Wie die meisten vogelähnlichen Saurier hatte er lange Greiffinger und scharfe, dicht gepackte Zähne. Er war wahrscheinlich ein flinker Jäger, der sich von Eidechsen und Insekten ernährte.

Anchiornis

Zeitraum:	vor 160–155 Mio. Jahren
Fundorte:	China
Größe:	40 cm lang
Gewicht:	ca. 250 g
Ernährung:	karnivor
Geschwindigkeit:	bis 40 km/h
Gefährlichkeit:	harmlos

Die Top 5 der kleinsten Dinosaurier

1 → **Anchiornis** → ca. 40 cm lang
2 → **Parvicursor** → ca. 45 cm lang
3 → **Caenagnathasia** → ca. 45 cm lang
4 → **Mei long** → ca. 45 cm lang
5 → **Mahakala** → ca. 50 cm lang

Zierlicher Drache

In den letzten Jahren haben Wissenschaftler kleine Raubsaurier neu entdeckt, vor allem in China und der Mongolei. Einer davon ist Mei long. Er war nur ca. 45 cm lang, und das einzige bekannte Fossil lag zusammengerollt da, als ob es schliefe. Daher auch der Name, der »tief schlafender Drache« bedeutet.

Dank seiner geringen Größe und der langen Federn konnte Anchiornis vermutlich durch die Luft gleiten oder mit den Flügeln flattern. Vielleicht hüpfte er so von Ast zu Ast.

Die schmale Schnauze und die scharfen Zähne deuten darauf hin, dass Anchiornis kleine Echsen oder größere Insekten erbeutete.

Die drei langen, schlanken, mit Klauen versehenen Finger waren fast ganz von den langen Arm- und Handfedern verdeckt.

13

Gefährlichster Meeresräuber

Liopleurodon

Liopleurodon, ein Plesiosaurier mit kurzem Hals, der etwa die Größe eines kleinen Pottwals erreichte, belegt den ersten Platz in der Kategorie »hochseetauglicher Räuber«.

Bissspuren an fossilen Knochen zeigen, dass dieses Seeungeheuer andere große Meeresreptilien angriff und auffraß, wobei es sie bisweilen regelrecht in Stücke biss. Experten schätzen, dass Liopleurodon zehnmal so kräftig zubeißen konnte wie Tyrannosaurus Rex!

Die spitzen, leicht gebogenen Zähne waren tief im Kiefer verankert – ideal, um zappelnde Beutetiere festzuhalten und tief in ihr Fleisch zu schneiden.

 ### Kräftiger Biss

Liopleurodon griff seine Beute überfallartig an, indem er sehr schnell mit aufgerissenem Maul auf sie zuschwamm. Er könnte anderen Plesiosauriern mit einem Biss die Flossen vom Leib gerissen haben. Mächtige Muskeln an der Hinterseite des Kopfs bewegten die krokodilähnlichen Kiefer. Seine Zähne waren bis zu 30 cm lang.

🏊 Riesige Räuber

Die bislang gefundenen Liopleurodon-Fossilien zeigen, dass er mindestens 6 m lang wurde, doch Bruchstücke von versteinerten Unterkiefer- und Wirbelknochen lassen auf eine Länge von bis zu 15 m schließen! Zum Vergleich: Heutige Schwertwale werden an die 10 m lang, und der größte bekannte Weiße Hai maß 7 m.

Weißer Hai — Taucher — Schwertwal — Liopleurodon

Liopleurodon

Zeitraum:	vor 165–145 Mio. Jahren
Fundorte:	England, Frankreich, Deutschland
Größe:	bis 15 m lang
Gewicht:	6 t
Ernährung:	Fische, Tintenfische, Meeresreptilien
Geschwindigkeit:	bis 7 km/h
Gefährlichkeit:	hoch

Scharfe Augen und ein hervorragender Geruchssinn halfen Liopleurodon, seine Beute aufzuspüren.

Funde von versteinertem Mageninhalt zeigen, dass große Plesiosaurier wie Liopleurodon Fische und Tintenfische, aber auch andere Plesiosaurier fraßen, ebenso wie tote Landsaurier, die im Wasser trieben.

Der Tod aus dem Wasser

Wegen seiner gewaltigen Größe musste Liopleurodon aufpassen, um nicht in flachem Wasser auf Grund zu laufen. Trotzdem ging er vielleicht manchmal dieses Risiko ein, um Beute zu erjagen. Es ist denkbar, dass er in Ufernähe Landsaurier schnappte und ins tiefere Wasser zog. Heutige Schwertwale erbeuten mit dieser Technik an flachen Stränden junge Seelöwen.

Der Wertvollste

Archaeopteryx

Als ältester je gefundener Vogel zählt Archaeopteryx zu den wertvollsten Fossilien aller Zeiten.

Er ist auch eines der wichtigsten, denn seine Entdeckung lieferte den entscheidenden Beweis dafür, dass unserer Vögel sich aus kleinen, räuberisch lebenden Dinosauriern entwickelt haben. Bislang wurden zehn Fossilien gefunden und sie gelten als die wertvollsten Dinosaurierfunde überhaupt: Jedes Stück ist mehrere Millionen Euro wert!

Wunderbar erhalten

Archaeopteryx lebte in einer Lagunenlandschaft, deren weicher Schlamm ideal für die Entstehung und Erhaltung von Fossilien war. Alle bisher gefundenen Archaeopteryx-Exemplare wurden in einer Gesteinsschicht aus einer dieser Lagunen gefunden: dem sogenannten Solnhofener Plattenkalk, entstanden aus Sedimenten. Die Körper toter Tiere blieben im Schlamm perfekt erhalten, sodass auch Einzelheiten wie Federn oder Zähne noch gut zu erkennen sind.

Archaeopteryx

Zeitraum:	vor 155–150 Mio. Jahren
Fundorte:	Deutschland
Größe:	50 cm lang
Gewicht:	500 g
Ernährung:	karnivor
Geschwindigkeit:	ca. 50 km/h
Gefährlichkeit:	harmlos

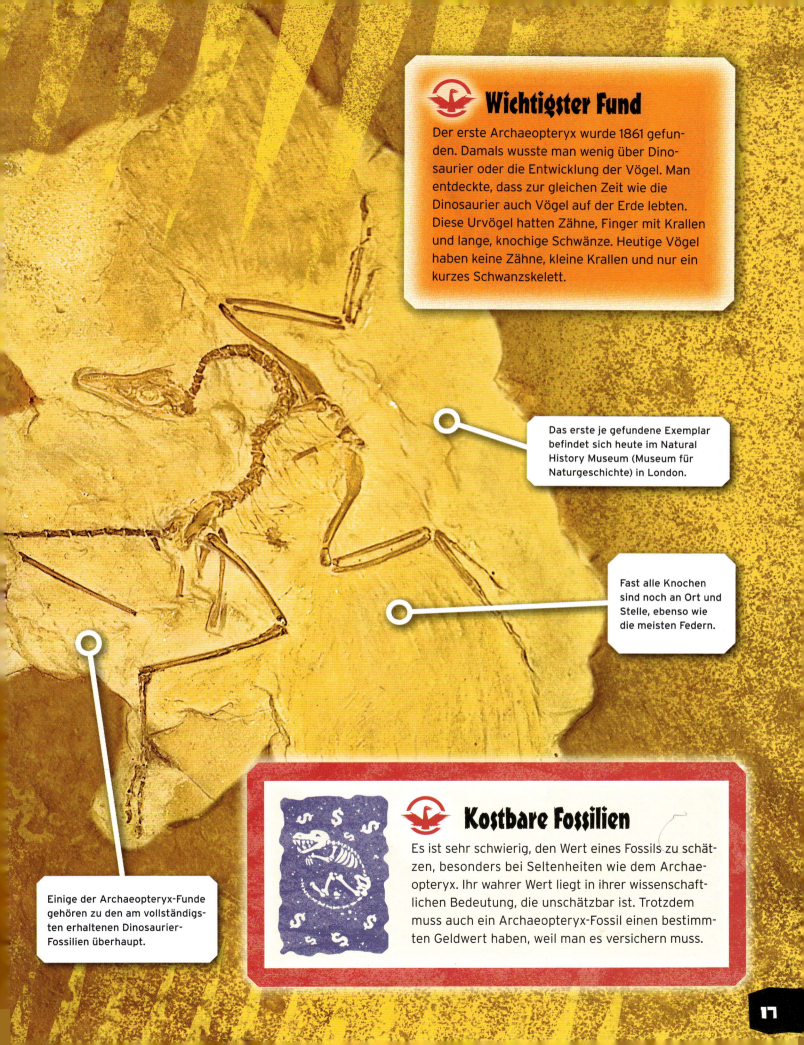

Wichtigster Fund

Der erste Archaeopteryx wurde 1861 gefunden. Damals wusste man wenig über Dinosaurier oder die Entwicklung der Vögel. Man entdeckte, dass zur gleichen Zeit wie die Dinosaurier auch Vögel auf der Erde lebten. Diese Urvögel hatten Zähne, Finger mit Krallen und lange, knochige Schwänze. Heutige Vögel haben keine Zähne, kleine Krallen und nur ein kurzes Schwanzskelett.

Das erste je gefundene Exemplar befindet sich heute im Natural History Museum (Museum für Naturgeschichte) in London.

Fast alle Knochen sind noch an Ort und Stelle, ebenso wie die meisten Federn.

Einige der Archaeopteryx-Funde gehören zu den am vollständigsten erhaltenen Dinosaurier-Fossilien überhaupt.

Kostbare Fossilien

Es ist sehr schwierig, den Wert eines Fossils zu schätzen, besonders bei Seltenheiten wie dem Archaeopteryx. Ihr wahrer Wert liegt in ihrer wissenschaftlichen Bedeutung, die unschätzbar ist. Trotzdem muss auch ein Archaeopteryx-Fossil einen bestimmten Geldwert haben, weil man es versichern muss.

Schnellster Schwanz

Diplodocus

Sauropoden wie Diplodocus beeindrucken nicht nur durch ihre Größe, sondern auch durch einen extrem langen, dünnen und beweglichen Schwanz.

Einige Forscher vermuten, dass der Schwanz wie eine Peitsche benutzt wurde. Es gibt Hinweise darauf, dass Diplodocus seine Schwanzspitze sogar mit Überschallgeschwindigkeit bewegen konnte. Wenn das stimmt, dann haben Dinosaurier als erste Lebewesen die Schallmauer durchbrochen!

Von der Haut der Sauropoden gibt es nur spärliche Funde. Sie bestand wohl aus kleinen, rundlichen Schuppen. Es gab aber auch Arten, deren Körper mit panzerartigen Platten oder kurzen Knochenhöckern bedeckt war.

Zackiger Schmuck

Heute wissen wir, dass Diplodocus und seine nahen Verwandten eine Art Band aus spitzen Zacken hatten, das vom Nacken bis zur Schwanzspitze verlief – ähnlich wie bei den heute lebenden Leguanen. Dieser »Körperschmuck« könnte ihnen ein beeindruckendes Aussehen verliehen haben.

Diplodocus

Zeitraum:	vor 150–147 Mio. Jahren
Fundorte:	USA
Größe:	32 m lang
Gewicht:	30 t
Ernährung:	herbivor
Geschwindigkeit:	ca. 16 km/h
Gefährlichkeit:	hoch

Schneller als der Schall?

Möglicherweise konnte Diplodocus mit der Schwanzspitze einen lauten »Peitschenknall« erzeugen, um Rivalen abzuschrecken oder Paarungspartner zu beeindrucken. Wenn eine Peitschenspitze mit mehr als 343 m/s (das entspricht mehr als 1200 km/h!) schwingt, durchbricht sie die Schallmauer und erzeugt einen Knall – ähnlich wie ein Düsenjäger, wenn auch nicht ganz so laut.

Mächtige Schwänze hatten auch andere Dinosaurierarten, doch Diplodocus war eine Ausnahme. Riesige, flügelartige Knochen, die seitlich vom Schwanz abstanden, bildeten den Ansatz für kräftige Muskeln. Dadurch konnte der Schwanz waagerecht hin- und hergeworfen werden.

Lebende Peitsche

Wenn Diplodocus seine Schwanzspitze als Peitsche einsetzte, um einen Angreifer zu verjagen, musste er aufpassen: Bei derart heftigen Bewegungen hätte der Schwanz abbrechen oder die Haut abgerissen werden können.

Sauropoden wie Diplodocus stellen wir uns oft als »sanfte Riesen« vor. Doch wie wir z. B. von Nashörnern wissen, sind Pflanzenfresser keineswegs immer friedlich, sondern können durchaus angriffslustig und gefährlich sein. Der riesige Diplodocus mit seinen kräftigen Beinen und dem Peitschenschwanz war alles andere als harmlos.

19

Größter Angeber

Stegosaurus

Kaum ein Tier hat je so auffallende Körpermerkmale besessen wie Stegosaurus. Wahrscheinlich setzte er sie ein, um andere Tiere zu beeindrucken.

Riesige rautenförmige Knochenplatten, über 70 cm lang und 80 cm breit, zogen sich über Hals, Rücken und Schwanz des Sauriers. Vielleicht waren sie sogar bunt gefärbt.

Fantasie gefragt

Die Knochenplatten von Stegosaurus waren mit einer Hornschicht überzogen, die aber bei den Fossilien nicht erhalten ist. Wir wissen, dass diese Schicht aus lebendem, wachsendem Gewebe bestand, aber über ihre Dicke und Form ist nichts bekannt. Vielleicht waren die Platten viel größer, als wir annehmen!

Die Platten ragten nach oben oder waren etwas zur Seite geneigt. Als Panzerung waren sie damit nutzlos. Aber Stegosaurus war wahrscheinlich schon durch seine Größe vor den meisten Angreifern sicher.

Immer cool bleiben?

Stegosaurus könnte die Rückenplatten zum Regulieren seiner Körpertemperatur benutzt haben. Sie könnten bei Kälte die Sonnenwärme gespeichert haben, um sie dann ähnlich wie ein Radiator wieder abzugeben, wenn es dem Dinosaurier zu heiß wurde.

Stegosaurus

Zeitraum:	vor 155 – 145 Mio. Jahren
Fundorte:	USA, Portugal
Größe:	7 m lang
Gewicht:	3,5 t
Ernährung:	herbivor
Geschwindigkeit:	ca. 15 km/h
Gefährlichkeit:	mittel

Die meisten verwandten Dinosaurier hatten zwei Reihen von Knochenplatten, doch bei Stegosaurus saßen sie abwechselnd links und rechts der Mittellinie.

Die Platten am Hals waren kleiner. Die größten Platten saßen über dem Becken und der Schwanzwurzel.

Eigener Stil

Es gab mehrere Dinosaurierarten, die ähnlich gebaut waren wie Stegosaurus, so etwa Loricatosaurus (unten), doch deren Rückenplatten waren kleiner und anders geformt. Vielleicht hatte jede Art ihre eigene Plattenform, an denen Artgenossen einander erkannten, wenn es um Balz und Paarung ging.

21

Kleinster Pflanzenfresser

Fruitadens

Der kleinste bisher entdeckte pflanzenfressende Dinosaurier ist der Winzling Fruitadens, der nur so groß wurde wie eine Hauskatze.

Er lief auf den Hinterbeinen und seine Zähne waren zum Kauen von Laub und Früchten gebaut. Mit seinen Klauen könnte er Früchte festgehalten oder auch kleine Echsen gefangen haben.

> Kleine Dinosaurier wie Fruitadens hatten viele Fressfeinde. Der sehr lange und biegsame Schwanz dürfte geholfen haben, beim Laufen auf den Hinterbeinen das Gleichgewicht zu halten. So konnte Fruitadens schneller entkommen.

Klein,  aber oho

Nachteile geringer Körpergröße

- Nester kleiner Saurier werden leicht durch große Tiere oder Unwetter zerstört.
- Es kostet viel Kraft, größere Entfernungen zu überwinden.
- Kleine Dinosaurier brauchen im Verhältnis zu ihrer Größe viel Nahrung.
- Selbst kleine Tiere wie Eidechsen oder Spinnen können ihnen gefährlich werden.

Vorteile geringer Körpergröße

★ Kleine Dinosaurier finden bei Bedrohung durch Feinde oder Unwetter leicht ein Versteck.
★ Ein kleiner Dinosaurier braucht nur einen kleinen Bau als Schlafplatz.
★ Zwei oder drei Bäume genügen einem kleinen Dinosaurier als Nahrungsquelle.
★ Nahrung in Form von Insekten und Samen ist überall leicht zu finden.

Fruitadens

Zeitraum:	vor 150 Mio. Jahren
Fundorte:	USA
Größe:	70 cm lang
Gewicht:	ca. 800 g
Ernährung:	herbivor oder omnivor
Geschwindigkeit:	bis 40 km/h
Gefährlichkeit:	niedrig

Mini-Dinos in unserem Garten

Im Jura entwickelten sich aus kleinen Raubsauriern die heutigen Vögel – in diesem Sinne könnte man sagen, dass immer noch kleine Dinosaurier unter uns leben! Daran sollten wir uns erinnern, wenn nach dem kleinsten Dinosaurier gefragt wird: Diese Bienenelfe, eine Kolibri-Art aus Kuba, ist gerade mal 5 cm lang!

Winzige Dinosaurier wie Fruitadens mussten sich vor großen Räubern verstecken. Sie schliefen vielleicht in Bauen.

Körper und Schwanz von Fruitadens waren möglicherweise mit haarähnlichen Fasern bedeckt.

Merkwürdiges Gebiss

Fruitadens gehört zur Gruppe der Heterodontosaurier, das bedeutet »Echsen mit verschiedenartigen Zähnen«. Sie hatten vorne einen Hornschnabel und weiter hinten Mahlzähne. Ungewöhnlich sind die vorne sitzenden Fangzähne, die wahrscheinlich zum Zubeißen oder als Waffe im Kampf dienten.

Meeresreptil mit Riesenaugen

Ophthalmosaurus

Die Ichthyosaurier oder Fischsaurier waren delfinähnliche Meeresreptilien, die in den urzeitlichen Ozeanen schwammen. Einer von ihnen, Ophthalmosaurus, hatte im Vergleich zu seiner Körpergröße riesige Augen.

Bei 4 m Körperlänge hatten seine Augäpfel einen Durchmesser von unglaublichen 23 cm – das ist ungefähr die Größe eines Fußballs! Solche Glupschaugen entwickelte Ophthalmosaurus wahrscheinlich, um im tiefen Wasser besser sehen und jagen zu können.

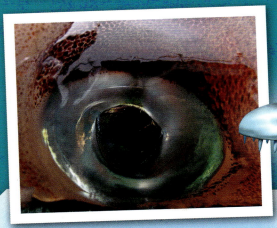

Nachtsicht

Mit seinen riesigen Augen konnte Ophthalmosaurus vermutlich auch im Dunkeln gut sehen. Wie der heutige Riesenkalmar, dessen Auge hier abgebildet ist, konnte er damit wohl auch Hunderte von Metern unter dem Meeresspiegel jagen.

Ein anderer Ichthyosaurier, der in England gefundene Temnodontosaurus, hatte noch größere Augen. Allerdings war er auch viel länger, sodass die Augen im Verhältnis zum Körper nicht ganz so groß waren.

Da die Augen mit Flüssigkeit gefüllt sind, ändern sie nicht ihre Form, wenn das Tier in große Tiefen taucht. Das gilt nicht für den Rest des Körpers, dessen Organe zusammengedrückt und manchmal auch verschoben werden können.

Größte Unterwasser-Augen

Hier ein Vergleich der Augen des Ophthalmosaurus mit denen zweier heutiger Meeresriesen:

1 → **Riesenkalmar** → 25 cm Durchmesser
2 → **Ophthalmosaurus** → 23 cm Durchmesser
3 → **Blauwal** → 15 cm Durchmesser

Blauwal Ophthalmosaurus Riesenkalmar

Schau mir in die Augen

Wir wissen, dass Ophthalmosaurus große Augen hatte, weil die Augenhöhlen im Schädel (unten) riesig sind. Was wir nicht kennen, ist die Form der Pupillen. Vielleicht waren sie schlitzförmig, wie bei manchen heutigen Tieren mit guter Nachtsicht, wie etwa Katzen. Sie könnten sogar eckig gewesen sein, wie die Pupillen mancher Pinguine. Auf jeden Fall glauben wir, dass sie sich stark vergrößerten, wenn Ophthalmosaurus in die Tiefe abtauchte, damit möglichst viel Licht eindrang.

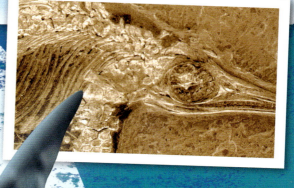

Ophthalmosaurus war ein flinker, thunfischähnlicher Räuber, der sich mit seinem kräftigen Schwanz durchs Wasser bewegte.

Überall zu Hause

Seine guten Augen machten Ophthalmosaurus zu einem hervorragenden Jäger, dessen Revier der größte Lebensraum der Erde war – der Ozean. Deshalb wurden Fossilien von Ophthalmosaurus auch in der ganzen Welt gefunden, in allen Regionen, die im Jura von flachen Meeren bedeckt waren.

Ophthalmosaurus

Zeitraum:	vor 165–145 Mio. Jahren
Fundorte:	weltweit
Größe:	4 m lang
Gewicht:	1 t
Ernährung:	Fische, Tintenfische
Geschwindigkeit:	ca. 10 km/h
Gefährlichkeit:	mittel

25

Ältester Vogel

Archaeopteryx

Fossilienfunde zeigen, dass die Vögel sich aus kleinen Raubsauriern entwickelten – und da es ja immer noch Vögel gibt, kann man sagen, dass die Dinosaurier eigentlich nie ausgestorben sind!

Der älteste Vogel, den wir kennen, ist Archaeopteryx. Obwohl er wahrscheinlich fliegen konnte und ein Federkleid trug, glich er sehr den anderen kleinen, gefiederten Raubsauriern und muss aus ihnen hervorgegangen sein.

Früher Vogel

Archaeopteryx sah den heutigen Vögeln wahrscheinlich nicht sehr ähnlich. Vielmehr dürfte er an eine kleinere Version der gefiederten karnivoren Dinosaurier wie Velociraptor erinnert haben. In seiner schmalen Schnauze saßen winzige Zähne (links). Er hatte lange Finger mit Krallen, einen langen, gefiederten Schwanz und einen tiefen, schmalen Rumpf.

Archaeopteryx

Zeitraum:	vor 155–150 Mio. Jahren
Fundorte:	Deutschland
Größe:	50 cm lang
Gewicht:	500 g
Ernährung:	karnivor
Geschwindigkeit:	ca. 50 km/h
Gefährlichkeit:	harmlos

Zum Laufen geboren

Weil man sich Archaeopteryx immer als den »ersten Vogel« vorgestellt hat, wird er oft wie eine Taube auf einem Ast sitzend dargestellt. Tatsächlich lassen die langen Beine und die Form der Zehen und Krallen darauf schließen, dass er flink über den Boden lief und dabei jeweils die zweite Zehe angehoben hielt. Vielleicht flog er nur, wenn er vor einer Gefahr fliehen musste.

Fossilien zeigen, dass Archaeopteryx große Federn an Vordergliedmaßen und Schwanz hatte. Manche Experten glauben, dass auch die Beine befiedert waren, aber das ist schwerer herauszufinden.

★★★★ Wichtigste Unterschiede zu heutigen Vögeln ★★★★

Heutiger Vogel	Archaeopteryx
im Vergleich zu	
★ zahnloser Schnabel	★ Maul mit Zähnen
★ Finger der Flügel zusammengewachsen, kleine oder gar keine Krallen	★ lange, nicht zusammengewachsene Finger mit großen Krallen
★ kurzes, stummelartiges Schwanzskelett	★ langes, knochiges Schwanzskelett
★ flache, breite Körperform mit sehr breitem Becken	★ tiefe, schmale Körperform mit schmalem Becken
★ erste Zehe oft vergrößert und nach hinten zeigend	★ erste Zehe nicht ganz nach hinten zeigend

Archaeopteryx hatte wahrscheinlich ein schnabelartiges Maul mit Hornüberzug, aber im Gegensatz zu heutigen Vögeln auch kleine Zähne.

🦅 Überlebende der Katastrophe

Archaeopteryx und andere Vögel sind Dinosaurier. Was die Vögel von anderen Dinosaurier-Gruppen unterscheidet, ist, dass sie als Einzige das Massensterben am Ende der Kreidezeit vor 65 Millionen Jahren überlebten – vermutlich wegen ihrer geringen Größe und ihrer Fähigkeit, große Strecken fliegend zurückzulegen.

Archaeopteryx lebte vermutlich auf Inseln in einem warmen, seichten Meer und suchte die Ufer nach toten Fischen und anderer Nahrung ab.

27

Längste Stacheln

Loricatosaurus

Furchterregende Stacheln von mehr als einem Meter Länge sprossen aus dem Schwanz von Loricatosaurus.

Kein anderes Tier hatte je so lange Stacheln. Wahrscheinlich benutzte Loricatosaurus sie, um sich gegen Feinde zu wehren und Paarungspartner zu beeindrucken.

Stachliges Rätsel

Beim lebenden Loricatosaurus waren die Stacheln sogar noch länger als bei den gefundenen Fossilien – vielleicht sogar doppelt so lang. Der Grund ist, dass sie wie bei heutigen Schafen (unten) nicht nur aus Knochen bestanden, sondern von einer ledrigen Hornschicht überzogen waren. Diese Hülle wuchs ständig weiter, aber da keine Reste davon erhalten sind, wissen wir nicht, wie lang sie wurde.

Wir wissen nicht genau, wie die Stacheln auf dem Körper von Loricatosaurus verteilt waren. Sie könnten auch an den Schultern oder am Becken gesessen haben.

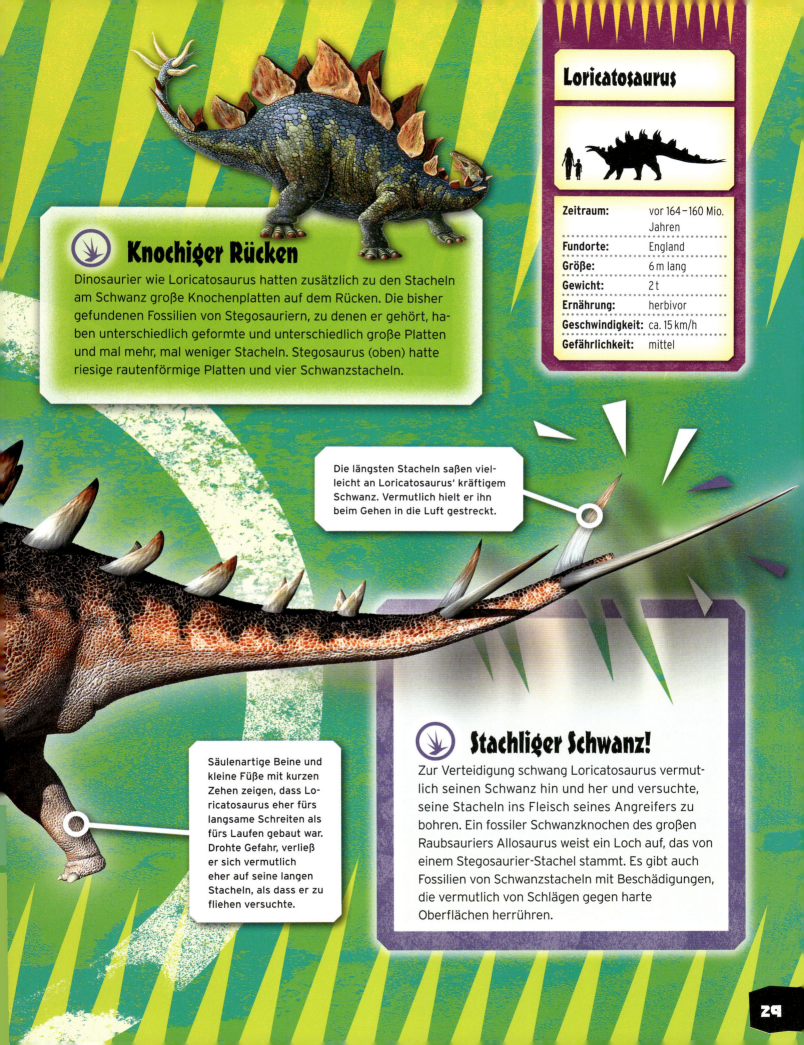

Loricatosaurus

Zeitraum:	vor 164–160 Mio. Jahren
Fundorte:	England
Größe:	6 m lang
Gewicht:	2 t
Ernährung:	herbivor
Geschwindigkeit:	ca. 15 km/h
Gefährlichkeit:	mittel

Knochiger Rücken

Dinosaurier wie Loricatosaurus hatten zusätzlich zu den Stacheln am Schwanz große Knochenplatten auf dem Rücken. Die bisher gefundenen Fossilien von Stegosauriern, zu denen er gehört, haben unterschiedlich geformte und unterschiedlich große Platten und mal mehr, mal weniger Stacheln. Stegosaurus (oben) hatte riesige rautenförmige Platten und vier Schwanzstacheln.

Die längsten Stacheln saßen vielleicht an Loricatosaurus' kräftigem Schwanz. Vermutlich hielt er ihn beim Gehen in die Luft gestreckt.

Säulenartige Beine und kleine Füße mit kurzen Zehen zeigen, dass Loricatosaurus eher fürs langsame Schreiten als fürs Laufen gebaut war. Drohte Gefahr, verließ er sich vermutlich eher auf seine langen Stacheln, als dass er zu fliehen versuchte.

Stachliger Schwanz!

Zur Verteidigung schwang Loricatosaurus vermutlich seinen Schwanz hin und her und versuchte, seine Stacheln ins Fleisch seines Angreifers zu bohren. Ein fossiler Schwanzknochen des großen Raubsauriers Allosaurus weist ein Loch auf, das von einem Stegosaurier-Stachel stammt. Es gibt auch Fossilien von Schwanzstacheln mit Beschädigungen, die vermutlich von Schlägen gegen harte Oberflächen herrühren.

Längster Hals

Omeisaurus

Omeisaurus hält den Rekord für den längsten Hals von allen Dinosauriern im Vergleich zur Körpergröße.

Der Hals einer heutigen Giraffe ist ungefähr doppelt so lang wie ihr Körper. Bei Omeisaurus dagegen war der Hals mit 8,5 m viermal so lang wie der Körper!

Omeisaurus' Hals war im Vergleich zum Körper so lang, dass man sich fragt, wie er es schaffte, nicht vornüberzukippen.

Jede Menge Knochen

Warum hatte Omeisaurus so einen langen Hals? Die Antwort gibt das Skelett. Wir Menschen haben im Hals sieben Knochen, die Halswirbel. Die meisten frühen Dinosaurier hatten neun Halswirbel, doch bei Omeisaurus waren es nicht weniger als 17, und die waren auch noch sehr lang. Die zusätzlichen Halswirbel gehörten bei anderen Dinosauriern zum Rücken, sodass Omeisaurus zusätzlich einen kürzeren Rücken hatte als diese.

Omeisaurus hatte an der Schwanzspitze eine große Knochenkeule. Damit könnte er auf angreifende Räuber eingeschlagen haben.

Über den langen, dünnen Hals muss der Saurier viel Wärme verloren haben. Auch bot er damit großen Räubern viel Angriffsfläche.

Giraffentrick

Genau wie heute lebende Giraffen benutzte Omeisaurus seinen biegsamen Hals, um das Laub von hohen Bäumen abzuweiden. Er konnte den Hals aber auch weit zur Seite strecken und zum Boden senken. Dadurch kam er an viele verschiedene Pflanzen heran, ohne sich von der Stelle zu bewegen.

Ein langer Hals ist prima, wenn man hoch hinaufreichen oder nach Feinden Ausschau halten will, doch beim Schlucken oder der Blutversorgung des Gehirns kann es Probleme geben. Noch wissen wir nicht, wie Omeisaurus sie gelöst hat.

Liga der langen Hälse

Omeisaurus hält den Rekord für den längsten Hals im Vergleich zur Körpergröße, aber andere Dinosaurier hatten noch längere Hälse:

1 ➔ **Supersaurus** ➔ 16 m lang

2 ➔ **Mamenchisaurus** ➔ 12 m lang

3 ➔ **Sauroposeidon** ➔ mindestens 11,5 m lang

4 ➔ **Omeisaurus** ➔ 8,5 m lang

Omeisaurus

Zeitraum:	vor 164–160 Mio. Jahren
Fundorte:	China
Größe:	18 m lang
Gewicht:	8,5 t
Ernährung:	herbivor
Geschwindigkeit:	ca. 15 km/h
Gefährlichkeit:	niedrig

Südlichster Dinosaurier

Cryolophosaurus

Die fossilen Überreste von Cryolophosaurus wurden in der gefrorenen Erde des Mount Kirkpatrick gefunden, nur 650 km vom Südpol entfernt. Damit ist er der südlichste Dinosaurier, den wir kennen.

Es handelte sich um einen mittelgroßen, zweibeinigen Raubsaurier mit einem merkwürdig geformten Knochenkamm am Kopf. Der Name bedeutet »gefrorene Kammechse«.

Milde Antarktis

Zu Lebzeiten von Cryolophosaurus lag die Antarktis weiter nördlich als heute (oben rechts). Auch war es insgesamt wärmer als heute, es gab keine Eisdecke und keinen Dauerfrost. Fossilien belegen, dass der Kontinent Antarktika damals bewaldet (oben links) und von vielen verschiedenen Dinosauriern und anderen Tieren bewohnt war. Im Winter mussten sie zwar niedrigere Temperaturen aushalten, aber keinen Frost.

Cryolophosaurus

Zeitraum:	vor 189–183 Mio. Jahren
Fundorte:	Antarktika
Größe:	6 m lang
Gewicht:	350 kg
Ernährung:	karnivor
Geschwindigkeit:	ca. 25 km/h
Gefährlichkeit:	hoch

Komischer Kamm

Cryolophosaurus hatte auf der Schnauze direkt über den Augen einen gebogenen, geriffelten Kamm sowie kleine Hörner auf beiden Seiten. Viele Raubsaurier hatten seltsam geformte Kämme, aber keiner war so wie dieser. Allerdings warten unter dem antarktischen Eis vielleicht noch merkwürdigere Dinosaurier-Fossilien auf ihre Entdeckung.

Cryolophosaurus war wahrscheinlich nicht wählerisch, was seine Nahrung betraf. Mit seinen scharfen Zähnen und kräftigen Kiefern konnte er andere Dinosaurier erbeuten, aber vielleicht fraß er auch Aas.

Gefrorene Fossilien

In der heutigen Antarktis (unten) ist es extrem kalt, und der Boden ist das ganze Jahr über gefroren, was das Graben nach Fossilien sehr schwierig macht. Zwar wurden am Mount Kirkpatrick und auf der Ross-Insel vor der Küste des Kontinents schon einige Dinosaurier-Skelette gefunden, aber die Fossilienjagd in Antarktika ist so mühsam und teuer, dass nur wenige Wissenschaftler eine Expedition dorthin wagen.

Es gibt besser erhaltene Fossilien von einigen nahen Verwandten des Cryolophosaurus. Diese verraten uns, dass Cryolophosaurus vermutlich vier Finger an jeder Hand hatte, davon drei mit Krallen. Möglicherweise packte er damit die Beute, um sie dann mit Bissen zu töten.

Antarktika

33

Kleinstes Gehirn

Stegosaurus

Die meisten pflanzenfressenden Dinosaurier hatten ein sehr kleines Gehirn, doch bei dem schwer gepanzerten Stegosaurus war dieses Organ besonders winzig.

Das Gehirn eines erwachsenen Menschen ist rund 25-mal größer! Stegosaurus benutzte nur einen sehr kleinen Teil seines Gehirns zum Denken. Der größte Teil wurde fürs Riechen und die anderen Sinne verwendet. Die fürs Denken zuständige Region hatte dagegen nur die Größe einer Walnuss.

⊙ Dummer Dino?

Das kleine Gehirn deutet darauf hin, dass Stegosaurus überwiegend von Instinkten geleitet war und keine komplizierten Gedanken hatte. Aber das gilt auch für viele andere Tiere. Trotz des winzigen Gehirns war Stegosaurus keineswegs besonders dumm. Die meisten Tiere, wie etwa Insekten oder Fische, kommen mit ihrem kleinen Gehirn wunderbar zurecht.

Der fürs Riechen zuständige Teil des Gehirns war ziemlich groß. So konnte Stegosaurus besonders gut nahrhafte Pflanzen »erschnüffeln«.

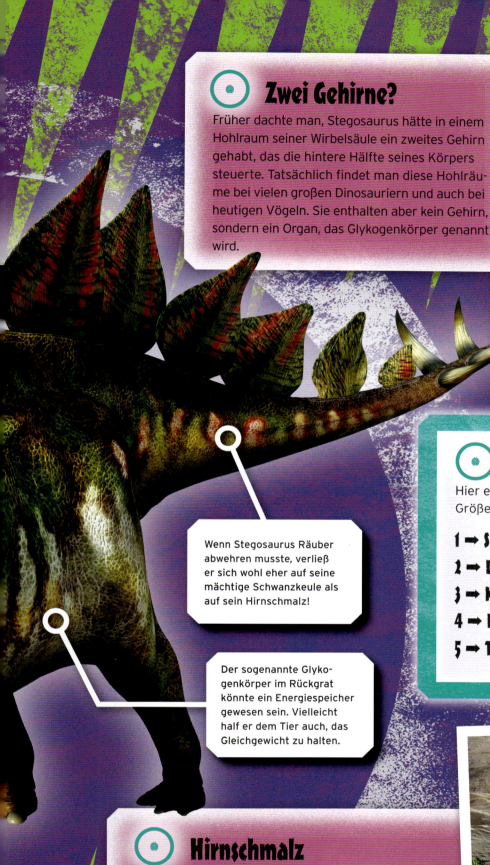

⊙ Zwei Gehirne?

Früher dachte man, Stegosaurus hätte in einem Hohlraum seiner Wirbelsäule ein zweites Gehirn gehabt, das die hintere Hälfte seines Körpers steuerte. Tatsächlich findet man diese Hohlräume bei vielen großen Dinosauriern und auch bei heutigen Vögeln. Sie enthalten aber kein Gehirn, sondern ein Organ, das Glykogenkörper genannt wird.

Stegosaurus

Zeitraum:	vor 155–145 Mio. Jahren
Fundorte:	USA, Portugal
Größe:	7 m lang
Gewicht:	3,57 t
Ernährung:	herbivor
Geschwindigkeit:	ca. 157 km/h
Gefährlichkeit:	mittel

Wenn Stegosaurus Räuber abwehren musste, verließ er sich wohl eher auf seine mächtige Schwanzkeule als auf sein Hirnschmalz!

Der sogenannte Glykogenkörper im Rückgrat könnte ein Energiespeicher gewesen sein. Vielleicht half er dem Tier auch, das Gleichgewicht zu halten.

⊙ Kleinste Gehirne

Hier eine Liste der 5 Dinosaurier, die für ihre Größe ein besonders kleines Gehirn hatten:

1 → **Stegosaurus**
2 → **Diplodocus**
3 → **Kentrosaurus**
4 → **Euplocephalus**
5 → **Triceratops**

⊙ Hirnschmalz

Beutegreifer haben oft ein größeres Gehirn, da für die Jagd mehr Intelligenz nötig ist. Einfache Pflanzenfresser wie Stegosaurus (rechts) mussten nicht so intelligent sein wie ein geschickter Jäger, weshalb ihr Gehirn im Verhältnis zur Körpergröße meist kleiner war.

Der Bunteste

Anchiornis

Der kleine, befiederte Anchiornis aus China ist der bunteste Dinosaurier, den wir kennen.

Er hatte einen rötlichen Kamm, sein Gesicht war rot und grau gesprenkelt und auf den Arm- und Beinfedern hatte er auffällige schwarz-weiße Muster. Andere, nicht befiederte Dinosaurier waren vielleicht noch bunter, aber das können wir nicht sicher wissen.

Das Geheimnis der Farbe

Heute können Experten herausfinden, welche Farbe die Federn von Dinosauriern hatten. Dazu untersuchen sie Stoffe in fossilen Federn, die an der Bildung von Farben beteiligt sind. Bei vielen solchen Fossilien lassen dunkle Streifen noch das ursprüngliche Muster erkennen. Manchmal sind auch die Melanosomen erhalten – winzige Zellbestandteile, die Farben erzeugen.

Auffallender Kontrast

Anchiornis war am Körper vorwiegend grau. Die langen Federn an Armen und Händen waren meist weiß, hatten aber schwarze Spitzen und Reihen von schwarzen Punkten. Die langen Beinfedern waren ebenfalls weiß mit schwarzen Tupfen. Wenn Anchiornis die Flügel ausbreitete, sah das wahrscheinlich ähnlich beeindruckend aus wie beim heutigen Wiedehopf.

Kein Vogel

Anchiornis sah aus wie ein etwa taubengroßer Vogel. Er hatte lange Arm-, Bein- und Schwanzfedern, einen buschigen Kamm und ein Kleid aus kurzen Federn. Aber er hatte auch Merkmale, die ihn von Vögeln unterscheiden, wie etwa die kurze, stumpfe Schnauze. In Wirklichkeit war er ein Dinosaurier aus der Gruppe der Troodontidae und verwandt mit dem wesentlich größeren Troodon (rechts).

Der rote Kamm, den wir so ähnlich auch bei heutigen Vögeln finden, sollte vielleicht Paarungspartner beeindrucken.

Die langen Arm- und Handfedern verbargen wahrscheinlich den größten Teil des Arms, sodass nur die Fingerkrallen hervorschauten.

Überraschenderweise reichte bei Anchiornis das Federkleid bis zu den Zehenspitzen. Heutige Vögel mit befiederten Zehen leben meist in kalten Gegenden.

Anchiornis

Zeitraum:	vor 160–155 Mio. Jahren
Fundorte:	China
Größe:	40 cm lang
Gewicht:	250 g
Ernährung:	karnivor
Geschwindigkeit:	bis 40 km/h
Gefährlichkeit:	harmlos

Die große Zeit der Dinosaurier

In den über 150 Millionen Jahren des Dinosaurier-Zeitalters tauchten Hunderte verschiedener Arten auf und verschwanden wieder.

Dabei lebten manchmal wenige Arten zur gleichen Zeit, zu anderen Zeiten waren es sehr viele. Forscher haben herausgefunden, dass ein Abschnitt der Kreidezeit, das Campanium (vor 83 bis 70 Mio. Jahren), mit über 100 verschiedenen Arten das »Goldene Zeitalter der Dinosaurier« war.

Im Campanium lebten mehrere riesige karnivore Dinosaurier im heutigen Nordamerika, darunter Albertosaurus (links), Gorgosaurus und Daspletosaurus. Vielleicht jagten sie verschiedene Beutetiere und kamen sich so nicht gegenseitig ins Gehege.

Im Campanium stieg der Meeresspiegel an und durch Überflutungen entstanden neue Landabschnitte und Inseln. Dadurch wurden die Landtiere auf verschiedene Lebensräume verteilt und neue Arten entwickelten sich.

Die meisten Dinosaurier des Campaniums lebten in den Küstenebenen, die mit einzelnen Bäumen, Sträuchern und Farnen bewachsen waren. Andere hatten ihren Lebensraum in dichten Wäldern oder in Sumpfgebieten.

Einige Arten der Hadrosaurier (= »Entenschnabelsaurier«) hatten verschieden geformte Knochenkämme, an denen Artgenossen einander vermutlich mühelos erkennen konnten.

Hingucker

Im Campanium lebten mehr Dinosaurier mit auffälligen Kämmen, Hörnern und Halskrausen als in jedem anderen Abschnitt des Dino-Zeitalters. Die meisten Hadrosaurier, wie der oben abgebildete Parasaurolophus, und die meisten gehörnten Saurier stammen aus dieser Epoche.

Unter den gehörnten Sauriern des Campaniums fanden sich Arten mit kurzem Nackenschild und langem Nasenhorn, wie etwa Styracosaurus, aber auch solche mit langem Nackenschild und kürzerem Nasenhorn, wie Pentaceratops.

Das größte Massensterben

Vor 65 Millionen Jahren, am Ende der Kreidezeit, kam es zum verheerendsten Massenaussterben aller Zeiten. Dabei wurden 80 Prozent aller Lebewesen ausgelöscht und die Herrschaft der Dinosaurier fand ein jähes Ende.

Eine Theorie lautet, dass die Katastrophe durch den Einschlag eines riesigen Asteroiden verursacht wurde. Es gibt jedoch Anzeichen dafür, dass viele Gruppen von Lebewesen schon vor dem Asteroideneinschlag große Probleme hatten.

Während der Kreidezeit trockneten die flachen Meere auf der ganzen Erde aus. Die Lebensräume an den Küsten wurden zerstört, Klima und Pflanzenwelt veränderten sich. Alle diese Entwicklungen machten den Dinosauriern schwer zu schaffen.

 ## Gewaltige Explosion

Zu der Asteroiden-Theorie passt ein gewaltiger Krater in Mexiko, der vor ungefähr 65 Millionen Jahren entstanden ist. Der Chicxulub-Krater hat einen Durchmesser von über 180 km und entstand, als ein 10 km dicker Gesteinsbrocken die Erde traf. Die Wucht des Aufschlags war 2 Millionen Mal stärker als die stärkste je von Menschen erzeugte Explosion.

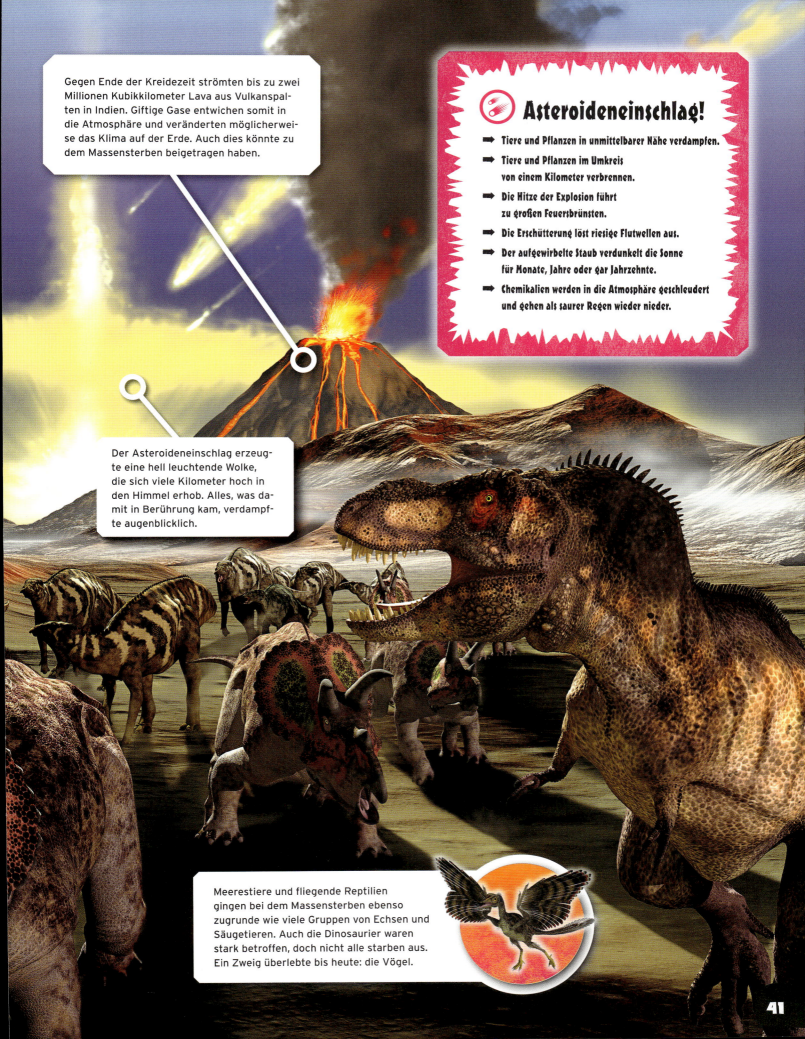

Gegen Ende der Kreidezeit strömten bis zu zwei Millionen Kubikkilometer Lava aus Vulkanspalten in Indien. Giftige Gase entwichen somit in die Atmosphäre und veränderten möglicherweise das Klima auf der Erde. Auch dies könnte zu dem Massensterben beigetragen haben.

Asteroideneinschlag!

➡ Tiere und Pflanzen in unmittelbarer Nähe verdampfen.
➡ Tiere und Pflanzen im Umkreis von einem Kilometer verbrennen.
➡ Die Hitze der Explosion führt zu großen Feuersbrünsten.
➡ Die Erschütterung löst riesige Flutwellen aus.
➡ Der aufgewirbelte Staub verdunkelt die Sonne für Monate, Jahre oder gar Jahrzehnte.
➡ Chemikalien werden in die Atmosphäre geschleudert und gehen als saurer Regen wieder nieder.

Der Asteroideneinschlag erzeugte eine hell leuchtende Wolke, die sich viele Kilometer hoch in den Himmel erhob. Alles, was damit in Berührung kam, verdampfte augenblicklich.

Meerestiere und fliegende Reptilien gingen bei dem Massensterben ebenso zugrunde wie viele Gruppen von Echsen und Säugetieren. Auch die Dinosaurier waren stark betroffen, doch nicht alle starben aus. Ein Zweig überlebte bis heute: die Vögel.

41

Dino-Fakten

Möchtest du noch mehr über die Jura-Periode wissen? Hier gibt es viele interessante Fakten über die Dinosaurier aus dieser Zeit.

Jura-Periode
Obwohl Tyrannosaurus Rex, Triceratops und Velociraptor in Filmen wie Jurassic Park vorkommen, lebten diese Dinosaurier in der Kreidezeit.

Hohle Knochen
Der Dinosaurier Mamenchisaurus hatte den längsten Hals, ganze 14 m lang. Der Hals bestand aus Knochen, die hohl und damit sehr leicht waren. Nur so konnte er, bei der Länge, den Hals überhaupt hoch halten.

Der Name Dinosaurier
Das Wort Dinosaurier bedeutet »gewaltige, furchtbare Echse« und stammt aus dem Griechischen. Es wurde 1842 zum ersten Mal verwendet.

Krallen
Die fleischfressenden Dinosaurier (Karnivoren) hatten meistens scharfe Krallen, während die pflanzenfressenden Dinosaurier (Herbivoren) runde Fußnägel besaßen.

Massig Zähne
Die Zähne von Dinosauriern wuchsen stetig nach. Wenn sie einen Zahn verloren, kam einfach ein neuer nach. Einige hatten sogar über 1000 Zähne!

Steine schlucken
Um die großen Mengen an Pflanzen verdauen zu können, schluckten Sauropoden Steine. Diese zermahlten die Pflanzen dann in ihrem Muskelmagen.

Gut gepanzert
Viele Dinosaurier besaßen eine Rüstung, um sich vor Angriffen zu schützen, wie z. B. der Loricatosaurus. Einige Pflanzenfresser waren so schwer, dass sie bei einem Angriff nicht wegrennen konnten, deshalb verteidigten sie sich mit einer Rüstung aus Knochenplatten oder Stacheln.

Ganz schön alt
Man glaubt, dass einige Dinosaurier bis zu 200 Jahre alt wurden!

Lebenszyklus
Wie die Vögel und viele Reptilien haben auch die Dinosaurier Eier gelegt. Sie bauten ebenfalls Nester, und man glaubt, dass einige sich sogar nach dem Schlüpfen um ihren Nachwuchs gekümmert haben.

Lange Herrschaft
Die Dinosaurier herrschten 165 Millionen Jahre auf unserem Planeten. Uns Menschen gibt es im Vergleich erst seit 2 Millionen Jahren.

Drachen
Als Chinesen vor rund 3500 Jahren einen Dinosaurierzahn fanden, dachten sie, er würde von einem Drachen stammen.

Intelligenz
Ein neugeborenes menschliches Baby hat ein größeres Gehirn als die meisten Dinosaurier. Wale und Delfine haben die größten Gehirne aller heute lebenden Tiere.

Dino-Quiz

Teste dein Dino-Wissen mit diesem Quiz. Die Antworten findest du unten rechts im Kasten.

1. Welches war das größte an Land lebende Tier, das jemals lebte?
a) Amphicoelias
b) Omeisaurus
c) Liopleurodon

2. Aus wie vielen Wirbeln bestand beim Omeisaurus der Hals?
a) 12
b) 7
c) 17

3. Welche Farbe hat der Federkamm des Anchiornis?
a) rot
b) lila
c) gelb

4. Wie viele Gehirne hatte der Stegosaurus?
a) 1
b) 2
c) 4

5. Haben die meisten Dinosaurier ihre Schwänze …
a) … auf dem Boden geschleift wie bei Eidechsen?
b) … in der Luft gehalten wie beim Fuchs?
c) … gewedelt wie ein Hund?

6. Welcher Dinosaurier benutzte seinen Schwanz wie eine Peitsche?
a) Stegosaurus
b) Diplodocus
c) Fruitadens

7. Haben die Augen des Ophthalmosaurus die Größe ...

a) ... eines Pfirsichs?
b) ... einer Weintraube?
c) ... einer Melone?

8. Warum sind die Fossilien des Archaeopteryx für die Wissenschaftler so wichtig?

a) weil Sie gut erhalten sind
b) weil sie so selten sind
c) weil sie zeigen, wie sich die Vögel entwickelten

9. Wie groß war der kleinste Raubsaurier?

a) ca. 10 cm
b) ca. 40 cm
c) ca. 100 cm

10. Was hatte der Liopleurodon für Zähne?

a) wie Bananen, gebogen
b) wie Bleistifte, gerade
c) wie ein Blatt, rund

11. Wo wurde der Cryolophosaurus gefunden?

a) in der Antarktis, in der Nähe des Südpols
b) in der Arktis, in der Nähe des Nordpols
c) am Äquator

12. Wann und wo wurde der Megalosaurus gefunden?

a) in Deutschland, um 1845
b) in Amerika, um 1818
c) in England, um 1824

Antworten

1=a, 2=c, 3=a, 4=a, 5=b, 6=b, 7=c, 8=c*, 9=b, 10=a, 11=a, 12=c

* Alle drei Antworten sind richtig, aber (a) ist der Hauptgrund.

Glossar

Balz
Das Werben um einen Paarungspartner, z. B. durch besonders prächtiges Aussehen oder auffälliges Verhalten.

Beutegreifer
(auch: Räuber) Ein → karnivores Tier, das davon lebt, andere Tiere zu fangen, zu töten und zu fressen. Wölfe, Tiger und Haie gehören zu den Beutegreifern, aber auch Marienkäfer und Rotkehlchen.

Chicxulub-Krater
Ein riesiger Krater in Mexiko mit einem Durchmesser von 180 km. Entstand am Ende der Kreidezeit durch den Aufschlag eines Asteroiden (eines gewaltigen Felsbrockens aus dem Weltall) auf der Erde. Trotz seiner Größe ist er nicht leicht zu erkennen, und so wurde er erst in den 1970er-Jahren entdeckt.

Fossil
Totes Lebewesen, von dem bestimmte Teile wie Knochen oder Schalen sich durch chemische und physikalische Vorgänge im Boden in Gestein umwandeln und so in ihrer Form erhalten bleiben.

Fressfeind
Tier, das ein bestimmtes anderes Tier frisst. Der Habicht z. B. ist der Fressfeind der Maus. S. a. **Beutegreifer, karnivor**

Glykogenkörper
Ein rundliches Organ, das bei vielen Dinosauriern und den heutigen Vögeln im Beckenabschnitt der Wirbelsäule zu finden ist. Seine Aufgabe ist noch unbekannt; es könnte als Energiespeicher oder Gleichgewichtsorgan gedient haben.

Hadrosaurier
Auch »Entenschnabelsaurier« genannt. Eine Gruppe von → herbivoren Dinosauriern der → Kreidezeit mit Hornschnäbeln und z. T. auffälligen Knochenkämmen. Beispiele sind Parasaurolophus und Edmontosaurus.

herbivor
Pflanzenfressend. Tiere, die sich von Pflanzen und nicht von anderen Tieren ernähren, heißen Herbivore. Sie haben meist einen sehr langen Darm und Zähne, die zum Kauen von Pflanzen geeignet sind. S. a. **karnivor, omnivor**

Heterodontosaurier
Eine Gruppe von kleinen, wahrscheinlich → omnivoren Dinosauriern, die für ihre großen Fangzähne bekannt sind. Mit langen Händen mit Krallen sowie langen, schlanken Hinterbeinen. Gehören zu den frühesten Vertretern der → Ornithischier.

Ichthyosaurier
Fischsaurier; eine Gruppe von schwimmenden Meeresreptilien des → Mesozoikums. Die frühen Vertreter sahen aus wie Echsen mit Flossen, die bekanntesten Arten jedoch hatten die Gestalt von Fischen, mit Rückenflossen und haiähnlichen Schwänzen.

Jura
Der Zeitabschnitt zwischen → Trias und → Kreidezeit, der vor 200 Millionen Jahren begann und vor 145 Millionen Jahren endete. Die Dinosaurier waren in dieser Zeit die vorherrschenden Landtiere.

karnivor
(manchmal auch »carnivor« geschrieben). Fleischfressend. Tiere, die hauptsächlich andere Tiere und kaum oder nie Pflanzen fressen, nennt man auch Karnivore. Haie, Tiger und Tyrannosaurus Rex zählen alle zu den Karnivoren. S. a. **herbivor, omnivor**

Kreidezeit
Der Zeitabschnitt zwischen → Jura und Paläozän, der vor 145 Millionen Jahren begann und vor 65 Millionen Jahren endete. In der Kreidezeit waren die Dinosaurier die vorherrschenden Landtiere.

Lebensraum
Die bestimmte Umgebung, in der eine Art normalerweise lebt, z. B. Wald, Meer, Wüste etc.

Mahlzahn
Spezieller Zahn im Gebiss von Pflanzenfressern. Ist so gebaut, dass damit harte Pflanzennahrung zermahlen werden kann.

Mesozoikum
»Erdmittelalter«; ein Erdzeitalter, das vor 250 Millionen Jahren begann und vor 65 Millionen Jahren endete; es umfasst → Trias, → Jura und → Kreidezeit. Das Mesozoikum wird oft das »Zeitalter der Reptilien« genannt. Es ist die Zeit, in der die Dinosaurier das Leben an Land beherrschten.

omnivor
Allesfressend. Omnivore Tiere sind also Allesfresser und ernähren sich sowohl von Pflanzen als auch von Tieren. Wir Menschen sind omnivor, ebenso wie Schweine und Bären. Die Körper von Omnivoren haben sowohl Merkmale von Pflanzenfressern als auch solche von Fleischfressern. S. a. **herbivor, karnivor**

**Ornithischier =
Vogelbeckensaurier**

Eine Gruppe von überwiegend → herbivoren Dinosauriern, die sich durch einen besonderen Knochen im Unterkiefer und ein nach hinten gerichtetes Schambein (= Teil der Beckenknochen) auszeichnen. Stegosaurier, Ankylosaurier und Hadrosaurier gehören alle zu den Ornithischiern.

Paläontologe
Wissenschaftler, der sich mit dem Leben in vergangenen Erdzeitaltern beschäftigt. Die meisten Paläontologen haben ein Spezialgebiet, wie zum Beispiel fossile Pflanzen, Dinosaurier oder fossile Meeresreptilien.

Pangäa
Ehemals der einzige große Kontinent auf der Erde; vor 300 bis 150 Millionen Jahren. Zerbrach später in die Kontinente, die wir heute kennen.

Plesiosaurier
Eine Gruppe von Meeresreptilien des → Mesozoikums, die alle zwei Paare von flügelähnlichen Schwimmflossen hatten. Manche hatten einen kurzen Hals und einen großen Kopf, doch es gab auch Arten mit langem Hals und kleinem Kopf.

Pterosaurier
Flugsaurier, d.h. Gruppe bestimmter urzeitlicher Reptilien, die fliegen konnten.

Räuber
s. **Beutegreifer**

Reptilien
Name für eine Gruppe von vierbeinigen Wirbeltieren mit schuppiger Haut, zu denen Schildkröten, Echsen, Schlangen und Krokodile gehören. Die meisten Reptilien sind wechselwarm, aber manche von ihnen – darunter einige Dinosaurier-Arten einschließlich der → Pterosaurier – waren gleichwarm und hatten Haare oder Federn.

Saurischier = Echsenbeckensaurier
Gruppe von Dinosauriern mit besonders langem, biegsamem Hals, zu denen sowohl die → Theropoden (darunter auch die Vögel!) als auch die → Sauropoden und ihre Verwandten gehören.

Sauropoden
Gruppe von langhalsigen, → herbivoren Dinosauriern, zu denen Diplodocus und Brachiosaurus gehören. Die meisten Sauropoden waren riesengroß und manche Arten zählen zu den größten Landtieren aller Zeiten.

Sediment
Gesteinsschichten, die über viele Jahrmillionen entstanden sind. Gebildet aus Ablagerungen wie Staub, Schlamm etc. sowie kleinsten Teilchen von toten Pflanzen und Tieren, die an Land oder im Meer zu Boden sinken. Die Schichten wachsen ganz langsam und werden schließlich zu Stein.

Theropoden
Gruppe der → Saurischier, die nur auf den Hinterbeinen liefen und → karnivor waren.

Trias
Die Periode zwischen Perm und → Jura; begann vor 250 Millionen Jahren und endete vor 200 Millionen Jahren. In der Trias erschienen die ersten Dinosaurier.

Wirbel
Die einzelnen Knochen, aus denen sich die Wirbelsäule zusammensetzt. Menschen haben 33 Wirbel, Schlangen dagegen über 200.

Noch mehr Spannendes und Erstaunliches bei arsEdition

ISBN 978-3-8458-0265-7
€ 9,99 (D) • € 10,30 (A)

ISBN 978-3-8458-0743-0
€ 9,99 (D) • € 10,30 (A)

ISBN 978-3-8458-0728-7
€ 9,99 (D) • € 10,30 (A)

Bildnachweis

Dr. Darren Naish, Corbis, Getty Images, istockphoto.com, Science Photo Library, Shutterstock.com

Es wurde jede Anstrengung unternommen, die Bildnachweise korrekt zu erstellen und die Copyright-Inhaber aller Bilder zu ermitteln. Der Originalverlag entschuldigt sich für alle unvollständigen Angaben und wird gegebenenfalls Korrekturen in zukünftigen Ausgaben vornehmen.